Liebe Eltern,

jedes Kind ist anders. Darum muss sich die konzeptionelle Entwicklung von Lesetexten für Kinder unbedingt an den besonderen Lernentwicklungen des einzelnen Kindes orientieren. Wir haben deshalb für unser Bücherbär-Erstleseprogramm 5 Lesestufen entwickelt, die aufeinander aufbauen. Sie entsprechen den Fähigkeiten, die notwendig sind, um das Buch zu (er-)lesen und zu verstehen. Allein das Schuljahr eines Kindes kann darüber nur wenig aussagen.

Welche Bücher für Ihr Kind geeignet sind, sehen Sie in der Übersicht auf der Buchrückseite.

Unser Erstleseprogramm holt die unterschiedlich entwickelten Kinder dort ab, wo sie sind. So gewinnen sie Lesespaß von Anfang an – hoffentlich ein Leben lang.

Prof. Dr. Peter Conrady
Hochschullehrer an der Universität Dortmund
und Erfinder des Leselern-Stufenkonzepts

In Zusammenarbeit mit dem *Westermann* Schulbuchverlag

Mit Quizfragen
zum Leseverständnis

Sibylle Rieckhoff
studierte Illustration und arbeitete anschließend viele
Jahre in der Werbung. Seit 1999 schreibt sie
Geschichten für Kinder. Sie lebt mit ihrem Mann und
ihrer Tochter in Hamburg.

Jörg Saupe
ist seit seinem Design-Diplom als freier Illustrator
tätig. Seine humorvollen Zeichnungen sind in
zahlreichen Büchern und Zeitschriften erschienen.
Er lebt mit seiner Familie in Düsseldorf.

Sibylle Rieckhoff

Heute bin ich Superheld!

Bilder von Jörg Saupe

Arena

 Mix
Produktgruppe aus vorbildlich bewirtschafteten Wäldern,
kontrollierten Herkünften und Recyclingholz oder -fasern
Zert.-Nr. SGS-COC-003210 www.fsc.org
© 1996 Forest Stewardship Council

1. Auflage 2011
© Arena Verlag GmbH, Würzburg 2011
Alle Rechte vorbehalten
Einband und Illustrationen: Jörg Saupe
Gesamtherstellung: Westermann Druck Zwickau GmbH
ISBN 978-3-401-09438-0

www.arena-verlag.de

Ein seltsames Paket

Leo tritt wütend in die Pedale.
Was war das für ein blöder Schultag!
Das Diktat in der Deutsch-Stunde
ging völlig in die Hose.
In der Pause beim Fußballspielen
hat Leo keinen einzigen Ball gekriegt.
Dann hat er sich mit Jonas gestritten,
seinem besten Freund.
Und Pascal war ätzend wie immer.

„Mach schön brav
deine Hausaufgaben",
hat er zu Leo gesagt.
„Morgen will ich sie nämlich
von dir abschreiben.
Wehe, wenn nicht!
Dann gibt es Ärger."
Wenn Pascal was verspricht,
dann hält er es auch.
Wirklich: ein echt blöder Schultag!

Und Hunger hat Leo auch.
Er fährt immer schneller.
Vielleicht gibt es zu Hause
ja was Leckeres zu essen.
Eine Riesenpizza, zum Beispiel.
Oder Nudelsalat mit Würstchen.
Dann wäre der Tag noch zu retten.

Plötzlich springt etwas
vor Leo auf den Weg.
Ein Tier mit dunklem Fell
und einem buschigen Schwanz.
Eine schwarze Katze,
aber was für eine!
Fast so groß wie ein Löwe.
Breitbeinig steht sie da.
Sie starrt Leo
aus funkelnden Augen an.
In der Schnauze trägt sie
ein Päckchen.
„Verdammt!", ruft Leo erschrocken.
Er bremst und springt vom Rad.
Die Katze lässt
das Päckchen fallen.
Sie faucht: „Hallo, Leo!
Ich hab hier was für dich."

Dann springt sie davon,
genau so schnell, wie sie kam.
Leo schaut ihr verwirrt hinterher.
Eine sprechende Riesenkatze?
Das glaubt ihm kein Mensch.
Er glaubt es selbst nicht.
Aber vor ihm liegt das kleine Paket,
mitten auf dem Weg.
Das ist nicht geträumt.

Soll Leo es öffnen?
Na klar soll er das.
Es ist ja für ihn,
hat die Katze gesagt.
Vorsichtig zupft Leo es auf.
Ein rotes Stück Stoff
kommt zum Vorschein.
Es ist ein Mantel.
Eine Sonnenbrille
liegt daneben.
Schmal und dunkel,
fast wie eine Maske.
Was soll ich denn damit?,
denkt Leo enttäuscht.
Er wird die Sachen
zum Fundbüro bringen.
Oder sie einfach
in den Mülleimer stopfen.

Doch plötzlich entdeckt Leo einen Zettel:

> DER MANTEL UND DIE BRILLE BESITZEN MAGISCHE KRÄFTE. NUTZE SIE GUT. MACH KEINEN UNSINN DAMIT, UND GIB NIEMALS DAMIT AN. NUR, WENN DU DAS GEHEIMNIS SORGSAM HÜTEST, BLEIBT DER MAGISCHE ZAUBER BESTEHEN. VIEL GLÜCK, S.

Magische Kräfte

Zu Hause steht tatsächlich
eine große Schüssel
mit Nudelsalat auf dem Tisch.
Leos Mutter kommt erst später.
Deshalb kann er sich
die neuen Sachen
in aller Ruhe anschauen.
Was soll das heißen:
magische Kräfte?
So etwas gibt es nur in Büchern.
Oder in Filmen.
Wer ist „S"?
Irgendwie kommt Leo das alles
bekannt vor.
Er betrachtet den roten Mantel.

Ob er Leo passt?
Er schlüpft hinein.
Die Ärmel sind ein bisschen lang,
aber sonst: perfekt.
Leo geht zum großen Spiegel.
Er sieht gar nicht schlecht aus
in dem Ding.
Irgendwie geheimnisvoll.
Dann setzt er die Sonnenbrille auf.
Cool! Doch etwas ist seltsam:
Er sieht durch die Brille nicht etwa
alles dunkler. Im Gegenteil:
Alles ist hell und klar zu erkennen,
viel schärfer als sonst.
Leo starrt in den Spiegel.
Was geschieht da mit ihm?
Seine Muskeln sind plötzlich so stark,
dass sie fast den Mantel sprengen.

Seine Schultern werden breit.
Die kräftigen Beine
passen kaum noch in die Jeans.
Und Leos dunkle Wuschellocken
sind nun lässig nach hinten gekämmt.

Vorsichtig betastet Leo sich.
Das ist verrückt!
Allmählich beginnt er zu verstehen.
Das sind also die magischen Kräfte.
Okay. Leo holt tief Luft.
Was soll er anfangen
als ganz neuer Leo?
Als Erstes was essen,
denn sein Bauch knurrt fürchterlich.
Er dreht sich um in Richtung Küche.
Er saust durch den Flur
wie ein Panther.
So schnell war Leo noch nie.
Es geht um die Ecke –
und durch die Tür . . . „Aua!"
Der Küchentisch bremst
Leos wilden Spurt.
Er reibt sich das Knie.

Ärgerlich tritt Leo
gegen das Tischbein.
Der schwere Holztisch
gleitet durch die Küche.
So, als hätte er gar kein Gewicht.
Vorsichtig hebt Leo ihn an.
Ein Kinderspiel!
Mit einer Hand stemmt er ihn
hoch ihn die Luft –
und lässt ihn erschrocken
wieder runter.

Leo nimmt sich einen Teller,
füllt eine Portion Nudelsalat auf.
Laut hört er sich selber schmatzen.
Das ist ja wie
bei der Raubtier-Fütterung
im Zoo!
Und dann hört Leo noch etwas:
„Wie war es in der Schule?"

„Och, es war nix los . . ."
Das sind die Stimmen
von Jonas und dessen Mutter.
Wieso kann Leo sie hören?
Die wohnen doch fünf Häuser
entfernt.
Leo geht zum Fenster.
Er sieht auf die Straße,
alles ist wie immer.
Doch er sieht noch viel weiter.
Er guckt um die Ecke,
über die Kreuzung,
hinter die Kirche.
Dort, über einen Kilometer entfernt,
erkennt er das rote Auto von Mama.
Gleich wird sie hier sein.
Wie soll Leo ihr
das bloß alles erklären?

Unglaublich!

Das kann man nicht erklären!
Denn sobald Leo den Mantel
auszieht
und die Brille absetzt,
verwandelt er sich wieder zurück.
Ganz schnell ist er wieder
der normale Leo.
Das ist ja wirklich
ein tolles Geschenk!
Mit dem Mantel und der Brille
ist Leo stark wie ein Bär.
Er kann hören wie ein Luchs,
sehen wie ein Adler
und laufen wie ein Panther.
Unglaublich!

Morgen wird Leo die Sachen
mit in die Schule nehmen.
Ob er seine neuen Kräfte nutzen wird,
weiß er noch nicht.
Das hängt ein bisschen von Pascal ab.
Wenn der ihm dumm kommt,
kann er was erleben!

Beim Fußballspielen wird Leo
den ganzen müden Haufen
mal so richtig aufmischen.
Und überhaupt ist jetzt Schluss
mit dem schüchternen Leonard!
Aber nein, das geht ja nicht.
Leo seufzt.
Er darf ja niemandem
sein Geheimnis verraten.
Trotzdem:
Die Sachen kommen
morgen mit.

Ein Dieb in der Schule

Vor der Schule
steht ein Polizeiauto.
Und auf dem Schulhof haben sich
viele aufgeregte Kinder
versammelt.
„Was ist los?", fragt Leo.
„Der Schulleiter ist entführt worden!",
kräht ein Erstklässler.
„Quatsch! Der Laptop
vom Hausmeister
ist weg", ruft Pascal.
„Nagelneues Ding, superteuer.
Einfach geklaut, heute Nacht.
Und die Klassenkasse von der 3a
ist auch verschwunden.

Da war richtig was drin.
Das Geld war
für einen Ausflug gedacht."
Die Kinder schweigen
betreten.

„Woher weißt du das alles?",
fragt Leo.
Pascal grinst.
„Ich bin eben informiert.
Ich weiß auch, dass der Dieb
einer von uns sein muss.
Denn es wurde
keine Tür aufgebrochen
und keine Scheibe eingeschlagen.
Der Täter kannte sich hier aus.
Er hatte vielleicht sogar
einen Schlüssel."
Nun reden alle laut durcheinander.
Das ist unheimlich!
Ein Dieb in der Schule,
und keiner weiß, wer es ist.
Dann kann man ja niemandem
mehr vertrauen . . .

„Ruhe!"
Der Schulleiter ist gekommen.
Neben ihm steht ein Polizist.
Es ist Wachtmeister Vogel:
ein dicker, unfreundlicher Kerl.

Die Kinder kennen ihn schon.
Wenn mal einer
ohne Helm Fahrrad fährt
oder die Bananenschale
aus Versehen
neben den Mülleimer wirft –
schon ist der Wachtmeister zur Stelle.
„Ihr habt gehört, was passiert ist",
ruft er.
„Wenn einer von euch etwas weiß,
dann soll er es jetzt sagen. Keiner?"
Er klappt sein Notizbuch zu.
Wie immer ist er ziemlich
schlecht gelaunt.
„Du da – dich kenn ich doch."
Er zeigt mit
seinem dicken Zeigefinger
auf Jonas ganz hinten in der Ecke.

„Du bist doch neulich
mit dem Fahrrad
durch den Stadtpark gedüst.
Hast beinahe eine alte Dame
angefahren.
Kannst wohl nicht lesen, was?
Da ist Rad fahren verboten!"
Jonas kriegt einen tomatenroten Kopf.
Alle drehen sich zu ihm um.

„Entschuldigung!", murmelt er leise,
„kommt nicht wieder vor."
„Das will ich hoffen",
sagt der Polizist.
„Und du weißt auch nicht zufällig,
wo der verschwundene Computer
steckt?
Oder das Geld aus der
Klassenkasse?"
Nun wird Jonas feuerrot.
Aber diesmal aus Wut.

„Nein, das weiß ich natürlich nicht!",
ruft er laut.
„Woher soll ich das wissen?"
„Na, dann ist ja gut."
Lässig tippt Wachtmeister Vogel
zum Abschied mit den Fingern
an die Mütze.

Gar nicht komisch

„Reg dich nicht auf, Jonas",
sagt Leo
später in der Klasse.
Er legt seinem Freund
die Hand auf die Schulter.
„Du weißt doch,
wie der olle Vogel drauf ist."
Leo möchte Jonas trösten,
aber der dreht sich schroff um.

Er hat den Streit von gestern
noch nicht vergessen.
Pascal mischt sich ein.
„Na ja, wenn einer im Stadtpark
alte Damen erschreckt,
dann macht er auch noch
ganz andere Dinge.
Ist schon klar."
Das sollte witzig sein,
ist es aber nicht.

Jonas findet es jedenfalls
gar nicht komisch.
Er springt auf und schubst Pascal.
Der packt Jonas am Arm
und zischt:
„Nimm dich in Acht, Kleiner!"
Leo sieht hilflos zu.
Er würde Jonas gern helfen,
aber Pascal ist stark wie ein Bulle.
Der hat vor niemandem Angst.
Höchstens vor einem Leo
mit Mantel und Brille . . .
In diesem Moment kommt
der Mathe-Lehrer rein.
Herr Bierbaum trennt
die beiden Kampfhähne energisch.
„Jeder geht auf seinen Platz",
ordnet er an.

„Und schlagt die Hefte auf.
Wir schreiben heute eine Arbeit."
„Mir ist schlecht", murmelt Leo,
„ich muss mal raus."
Er schnappt sich seine Schultasche
und verschwindet auf dem Klo.

Schnell weg hier!

Leo sitzt auf dem Klodeckel
und denkt nach.
Er hat den roten Mantel an
und die Sonnenbrille auf.
Nun ist er wieder mutig und stark.
Am liebsten würde er jetzt
in die Klasse gehen
und Pascal kräftig die Meinung sagen.
Aber das geht ja nicht!
Wie soll Leo erklären, wer er ist?
Leo starrt die Wand an.
Er sieht durch sie hindurch:
mitten ins Klassenzimmer hinein.
Herr Bierbaum steht an der Tafel
und schreibt lange Zahlenreihen.

Jonas sitzt still über seinem Heft.
Er sieht traurig aus.
„Ich werde Jonas helfen",
beschließt Leo.
Denn eins ist klar:
Mit dem Diebstahl hat Jonas
nichts zu tun.
Und er ist immer noch Leos Freund.
Leo muss den Täter finden.

Aber wie?
Sein Röntgenblick wandert
in die anderen Räume.
Woher kommt
dieser unmelodische Krach?
Aha – Frau Müller probt
im Musikraum
mit der 2c einen Kanon.
Leo hält sich die Ohren zu.
Es ist nicht nur schön,
wenn man plötzlich alles hören kann!
Aus dem Lehrerzimmer
ertönt ein tiefes Brummen.
Es ist der Erdkunde-Lehrer.
Er lässt sich gerade
den verspannten Nacken massieren.
„Oh, tut das gut!", brummt er wohlig.
Leo sieht weiter.

Im Waschraum der Mädchen
stehen drei und tuscheln.
„Jonas war es bestimmt nicht",
sagt eine,
„der ist doch immer so süß . . ."
„. . . im Gegensatz zu
seinem langweiligen Freund!",
kichert eine andere.
Dumme Gänse!,
denkt Leo ärgerlich.
Langweilig, von wegen!

Die sollten ihn mal erleben
in seiner neuen Kluft.
Leo sieht ins Hausmeister-Büro.
Hier ist der Tatort,
hier ist der Laptop verschwunden.
Er sieht ein Stockwerk höher
in die Hausmeister-Wohnung.
Da ist vielleicht eine Unordnung!
Tausendmal schlimmer
als bei Leo unterm Bett.
Dabei schimpft der Hausmeister
immer ganz fürchterlich,
wenn die Kinder
mal was liegen lassen.
Das wird Leo sich
nicht mehr gefallen lassen!
Leo sieht wieder
in sein Klassenzimmer.

Alle brüten über den Rechenaufgaben.
Jonas hat einen Spickzettel
unter dem Tisch.
Und Herr Bierbaum
kommt bedrohlich näher.
Von hinten,
Jonas sieht ihn nicht.
Das gibt eine glatte Sechs!
Leo muss eingreifen.
Er muss Herrn Bierbaum ablenken.
Er jagt über den Flur.
Vorsichtig klopft er an die Klassentür.
PENG!
Die Tür fliegt auf
und knallt gegen die Wand.
An seine neue Kraft
muss Leo sich erst noch gewöhnen.
Alle Schüler schrecken hoch.

Jonas steckt den Spickzettel
schnell in die Tasche
und sieht Leo verwundert an.
„Was ist denn das
für ein seltsamer Kraftprotz?",
murmelt er misstrauisch.
„Irgendwie sieht der Leo ähnlich:
das Gesicht, die Haare . . .
Und sie haben
die gleichen Schuhe an."
Schnell weg hier!, denkt Leo.
Es ist höchste Zeit.
Bevor man ihn
wirklich erkennt.
Bevor er
sein Geheimnis
preisgeben muss.

Die richtige Spur

Auf dem Schulhof sitzt Leo
ratlos auf einer Bank.
Wo soll er nur anfangen,
den Dieb zu suchen?
Der kann überall versteckt sein.
Leo lauscht.

Er hört das laute Singen der 2c.
Das Rascheln der Mathehefte
in seiner Klasse.
Und plötzlich hört er noch etwas:
das leise Klappern
einer Computer-Tastatur.
Es kommt nicht aus der Schule.
Aber es ist auch nicht weit entfernt.
Jemand schreibt auf einem Laptop.
Und wennschon, denkt Leo.
In dieser Stadt haben ungefähr
zehntausend Leute einen Laptop.

Aber es flüstern nicht
zehntausend Leute
beim Schreiben:
„Na, das hat sich ja gelohnt!
Ein echt fettes Schnäppchen!"
Leos Herz klopft schnell.
Jetzt hört er auch noch
das Klimpern von Münzen.
Eine Stimme zählt leise:
„Hundertzehn, hundertzwanzig.
Nicht schlecht für den Anfang!"
Hundertzwanzig Euro –
genauso viel Geld war
in der gestohlenen Klassenkasse.
Nun ist es sicher:
Leo ist auf der richtigen Spur.
Aber wo steckt der Kerl?
Leo saust über den Schulhof.

Der rote Mantel weht
hinter ihm her
wie ein großer Flügel.
Er stürmt über den Markt.
Der Gemüsestand ist im Weg – egal!
Leo springt einfach darüber hinweg.
Auf dem Spielplatz ruft ein Kind:
„Guck mal, Mama,
ein fliegender Mensch!"
Dann steht Leo
vor der Kirche.

Er bleibt stehen und lauscht.
Nichts mehr zu hören,
keine Stimme, kein Klappern.
Dafür ein bedrohliches Knurren.
Hinter Leo steht ein Hund.
Er fletscht die Zähne.
Er sieht nicht aus,
als ob er spielen möchte.
Mit einem gewaltigen Satz
rettet Leo sich auf einen Baum.
Der Hund sieht ihm
enttäuscht hinterher.
„Wie dumm von mir",
sagt Leo ärgerlich.
„Ich bin doch
hundertmal stärker als er.
Ich hätte ihm einfach die Schnauze
zuhalten können!"

Aber eigentlich ist es
auf dem Baum auch nicht schlecht.
Denn von hier kann Leo
noch viel besser sehen.
Er sieht über die Straße
bis zum Rathausplatz
und geradewegs hinein
in das Café Engel.

Eine wilde Verfolgungsjagd

Im Café Engel sitzt ein Mann
am Tisch in der Ecke.
Vor ihm stehen ein nagelneuer Laptop
und eine Zigarrenkiste.
Die ist bunt beklebt
mit Blümchenmuster
und den Buchstaben 3a.
Leo sieht alles ganz genau,
jede kleinste Kleinigkeit.
Der Mann nimmt Geldscheine
aus der bunten Kiste
und steckt sie in seine Brieftasche.
Die Münzen lässt er liegen.
Er schnippt mit den Fingern.
„Zahlen, bitte!"

Leo springt vom Baum.
Er fliegt geradezu
über den Rathausplatz.
Und zwei Sekunden später
stürmt er in das Café.
„Holen Sie die Polizei!",
ruft er der Kellnerin zu.
„Der Mann ist ein Dieb.
Er hat die Sachen
aus der Schule gestohlen."
Der Fremde springt auf.
Er reißt den Computer an sich.
Er stößt Leo zur Seite.
Die gläserne Vitrine
mit den Sahnetorten
kommt bedrohlich
ins Schwanken.
Der schöne Kuchen!, denkt Leo.

Er fängt die Vitrine
mit einem Finger auf.
Der Mann rennt aus dem Café.
Er ist schnell, aber Leo ist schneller.
Ein paar lange Sätze,
schon ist er dicht hinter ihm.
„Bleiben Sie stehen!"
Aber der Dieb denkt gar nicht daran.
Ohne zu schauen,
läuft er auf die Straße.

Bremsen quietschen,
ein Taxi hupt wütend.
Der Fremde stolpert und fällt hin.
Ein Rennradfahrer
kann nicht mehr bremsen.
Unaufhaltsam rutscht das Rad
auf den Mann zu.
Der schreit vor Entsetzen auf.

Doch jetzt ist Leo da.
Er packt das Rad mitsamt dem Fahrer
und hebt es einfach in die Luft.
Er hebt es über den Dieb hinweg.
Und stellt es hinter ihm wieder ab.
Dann packt er mit der einen Hand
den Dieb am Kragen
und mit der anderen den Laptop.
Schnell bringt er beide
von der Straße in Sicherheit.
Aber ein Dankeschön
bekommt Leo dafür nicht zu hören.
Am ausgestreckten Arm
lässt er den Mann zappeln
und schimpfen.
So lange, bis in der Ferne
die Polizei-Sirene ertönt.

Wo ist der mutige Junge?

Wieder parkt das Polizeiauto
vor der Schule.
Wieder steht
Wachtmeister Vogel
vor den aufgeregten Kindern.
Aber diesmal ist seine Laune
sehr viel besser.
„Das war stark",
sagt er und lächelt sogar.
„Hätte ich fast nicht besser
machen können!
Der Täter ist ein
lange gesuchter Einbrecher.
Er hat sich einen Nachschlüssel
für die Schule besorgt.

Und er hätte bestimmt
noch viel mehr geklaut,
wenn der mutige Junge
ihn nicht geschnappt hätte.
Schade, dass wir nicht wissen,
wer das ist.
Plötzlich war er weg.
Dabei steht ihm eine Belohnung zu!"

Jonas sieht Leo misstrauisch an.
„Der sah aus
wie ein großer Bruder von dir",
murmelt er.
„Hab aber zufällig keinen Bruder",
sagt Leo.
Er grinst verlegen.
Aus Leos Hosentasche
lugt etwas hervor.

Flink zieht Jonas es heraus:
die Sonnenbrille.
„Ist die neu?", fragt er leise.
Er will sie sich auf die Nase setzen.
Doch Leo reißt ihm die Brille
aus der Hand.
Er stopft sie in seine Schultasche.
„Kannst du schweigen?", fragt er.
Jonas nickt gespannt: „Na klar!"
„Ich auch!", sagt Leo.

Super, Leo!

Leo tritt fröhlich
in die Pedale.
Heute war
ein Super-Schultag!
Mit Jonas ist wieder
alles in Ordnung.
Und Pascal hat sich
riesig geärgert, dass er nicht
der Held des Tages war.
Gut so!
Von Pascal
mit seiner großen Klappe
lässt Leo sich gar nichts mehr sagen.
Er weiß ja nun, dass er stärker ist,
wann immer er will.
Und klüger ist er sowieso.

Leo hat Hunger.
Er fährt jetzt ganz schnell.
Plötzlich springt
die große schwarze Katze
vor Leo auf den Weg.

Er bremst und steigt vom Rad.
„He – super, Leo!", ruft sie,
„gut gemacht!"
Sie lässt etwas fallen.
„Das hier ist für dich."
Sie zwinkert mit einem Auge,
und schon ist sie weg.
Gespannt hebt Leo
das Geschenk auf.
Was es diesmal wohl ist?
Er hält ein altes
zerfleddertes Comic-Heft
in seinen Händen.
Leo wird blass.
Jetzt weiß er endlich,
woran ihn
das S erinnert . . .

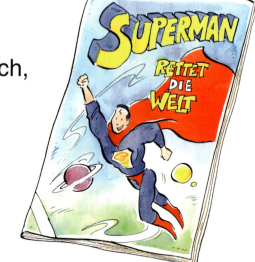

Leo hat das deutliche Gefühl,
dass er von nun an
einige Abenteuer erleben wird.
Aber jetzt geht's erst mal
zum Essen nach Hause.

Quizfragen zum Verständnis

Trage die Buchstaben von jeder richtigen Antwort in die Kästchen ein. Dann kennst du das Lösungswort.

1. Welches Tier bringt Leo das Päckchen?
X) ein alter Leopard
Y) ein schwarzer Panther
Z) eine schwarze Riesenkatze

2. Was ist in dem Paket?
B) eine Hose und Schuhe
A) ein Mantel und eine Sonnenbrille
C) ein Helm und eine Jacke

3. Was ist in der Schule geklaut worden?
U) ein Laptop und die Klassenkasse der 3a
V) der Schulleiter
W) zwei Fahrräder

4. Welches Fach unterrichtet Herr Bierbaum?
A) Deutsch
B) Mathe
C) Musik

5. Wo sieht Leo den Dieb?
D) in einer Mülltonne
F) hinter einer Kuchenvitrine
E) im Café Engel

6. Was bekommt Leo beim zweiten Mal von der Katze?
S) eine Mausefalle
R) ein Comic-Heft
T) eine Fellmütze

Das Lösungswort heißt:

1.	2.	3.	4.	5.	6.
Z	A	U	B	E	R

Das Lösungswort heißt: ZAUBER